Pequena introdução à Espiritualidade Redentorista

Pequena introdução à

ESPIRITUALIDADE REDENTORISTA

Orações, devoções e reflexões

Parceria com a missão redentorista da
Conferência da América do Norte

Trad. Pe. José Luís Queimado, C.Ss.R.

EDITORA
SANTUÁRIO

COORDENAÇÃO EDITORIAL: Ana Lúcia de Castro Leite

REVISÃO: Sofia Machado

DIAGRAMAÇÃO E CAPA: Bruno Olivoto

ISBN 978-0-7648-2810-2
First Published 2009. Revised in 2018

Para mais informações sobre a Parceria Redentorista em Missão, envie um e-mail para northamericapim@gmail.com

ISBN: 978-65-5527-167-6

1ª impressão

Rua Pe. Claro Monteiro, 342 – 12570-000 – Aparecida-SP
Tel.: 12 3104-2000 – Televendas: 0800 0 16 00 04
www.editorasantuario.com.br
vendas@editorasantuario.com.br

SUMÁRIO

Prefácio à edição brasileira

O Processo de reestruturação e reconfiguração, pelo qual está passando nossa Congregação Redentorista, não envolve apenas os consagrados, os candidatos à consagração religiosa e as estruturas físicas e organizacional na vida redentorista, mas também os Leigos que compartilham de nossa missão e vivem a espiritualidade redentorista. Tanto é que, assim como estão sendo elaboradas as diversas diretrizes para os consagrados e os candidatos na formação, igualmente estão sendo elaboradas as Diretrizes dos Leigos Missionários na missão compartilhada com os redentoristas consagrados.

Todavia, para que todo esse processo seja realizado de modo efetivo e afetivo, não se pode atribuí-lo a um desejo estrutural de renovação idealizado pelos consagrados e leigos, mas ao sopro do Espírito Santo, que é o responsável para renovar a vida cristã e toda as estruturas eclesiais, por onde a Palavra de Deus deve ser anunciada e encontrar eco nos corações humanos.

Portanto a oração é o primeiro instrumento a ser utilizado para que tudo possa convergir com e para a vontade do Senhor. Como diz o evangelista Lucas "Jesus contou aos discípulos uma parábola, para mostra-lhes a necessidade de orar sempre, sem nunca desistir" (18,1). Por isso esse livrinho, oriundo de uma tradução inglesa, feita pelo Pe. José Luís Queimado, CSsR, com o título de "Pequena Introdução à Espiritualidade Redentorista: Orações, Devoção e Reflexão", surge em uma hora bem propícia. Não podemos oferecer aos Leigos apenas um Documento a ser estudado, mas também um livro que os ajude a rezar.

Ele (o livro), de forma intuitiva, percorre os caminhos das orações de Santo Afonso, com seu método de rezar, visitar o Santíssimo Sacramento e Nossa Senhora; oferece os fundamentos da espiritualidade redentorista; contempla a vida dos Santos, Beatos e Veneráveis, com a inclusão da Beata Maria Celeste Crostarosa, e oferece outras formas práticas de rezar e contemplar. Ele já é conhecido e utilizado pelos Leigos da América do Norte.

Podemos afirmar, sem sombra de dúvida, que tanto para os Consagrados quanto para os Leigos Missionários, essas propostas orantes devem ser consideradas como instrumentos de sustentação para todas e quaisquer diretrizes que apontam caminhos de oração. Pois, segundo a afirmação do próprio Santo Afonso: "Quando recorremos a Deus, tenhamos plena confiança de que Deus nos atenderá e alcançaremos aquilo que queremos".

Agradeço a Editora Santuário pela oportunidade que me foi oferecida para fazer o prefácio desta obra, da qual tive o privilégio de conhecer o conteúdo, em primeira mão, a fim de traçar este breve comentário. Recomendo aos Leigos e Consagrados percorrer o itinerário oracional reconstruindo seu caminho espiritual proposto nesta obra.

Pe. Roque Silva Alves, C.Ss.R.
União dos Redentoristas do Brasil

Introdução

Copiosa apud eum redemptio
(Junto dele, é copiosa a Redenção)

Essas palavras do Salmo 130 são o lema da Congregação do Santíssimo Redentor (os Redentoristas), e foram incorporadas no selo da Congregação. Santo Afonso de Ligório escolheu essas palavras para guiar a Congregação que ele fundou, isso porque elas expressavam sua mais profunda experiência de Deus: Deus nos ama pródiga e loucamente. O amor de Deus é manifesto de forma mais surpreendente na Encarnação de Jesus Cristo, que se doou completamente a Deus e pela humanidade – um doar-se a si mesmo que atingiu seu ponto mais alto em sua morte na cruz.

Refletindo sobre a Encarnação, assim como sobre a Paixão e Morte de Jesus Cristo, Santo Afonso pôde apreciar mais profundamente o significado de nossa Redenção em Jesus. Ele fundou os Redentoristas para espalhar aquela Boa-Nova e proclamar nossa Redenção em Jesus aos mais abandonados, especialmente os pobres.

Em anos recentes, os Redentoristas chegaram a uma compreensão renovada e mais profunda sobre a

Igreja, entendendo-a como comunhão de fiéis crentes, encarregada de continuar a Missão de Jesus. A Igreja é o Povo de Deus, acolhendo todos os batizados e convidando todos a partilharem de sua missão evangelizadora. Dessa forma, os Redentoristas vêm buscando maneiras de envolver outros – especialmente os leigos – para que os ajudem nessa Missão de Jesus e da Igreja.

No Brasil e em tantas partes do mundo, tem crescido o desejo entre os leigos de participar tanto da Missão quanto da espiritualidade redentorista. Este livro de oração, produzido pela Comissão para Parceria na Missão dos Redentoristas da América do Norte, tem o objetivo de zelar e nutrir esse desejo. Esperamos que nossos parceiros Redentoristas na Missão, tanto individualmente quanto em grupos, usem as orações, reflexões e sugestões coletadas aqui para aprofundar a comunhão com os Redentoristas, e, mais importante ainda, aprofundar a espiritualidade cristã e a comunhão com Deus.

A Espiritualidade Redentorista, enraizada no mistério pascal de Cristo, alimentada pela prática constante da oração comunitária e pessoal, estudo e meditação, é mais bem expressada quando nos forma para sermos homens e mulheres em Missão. Nossa Missão é proclamar a vinda do Reino de Deus, onde todos os filhos de Deus podem tomar seu lugar merecido à mesa da vida. A autêntica Espiritualidade Redentorista deve levar ao compromisso pela realização da justiça, da compaixão e da paz na Criação.

Textos bíblicos fundacionais

Salmo 130

Do profundo abismo clamo a vós, Senhor:
Senhor, escutai minha voz!
Sejam atentos vossos ouvidos
à voz de minhas súplicas.

Se considerais as culpas, Senhor,
Quem poderá resistir?
Mas em vós se encontra o perdão,
para que sejais temido.

Espero no Senhor, minha alma espera,
confio em sua palavra.
Minha alma anseia pelo Senhor
mais que as sentinelas pela aurora,
sim, mais que as sentinelas pela aurora.
Israel, põe no Senhor tua esperança;
porque no Senhor está a misericórdia
e nele copiosa redenção.
Ele vai redimir Israel
de todas as suas culpas.

Na Sinagoga, desenrolando o livro, Jesus encontrou a passagem onde estava escrito: "O Espírito do Senhor está sobre mim, porque me ungiu para evangelizar os pobres, mandou-me anunciar aos cativos a libertação, aos cegos a recuperação da vista, pôr em liberdade os oprimidos e proclamar um ano de graça do Senhor..."

Então começou a dizer-lhes: "Cumpriu-se hoje esta passagem da Escritura diante de vós".

(Lc 4,17-19.21) e *(cf. Is 61)*

O selo da Congregação consiste em uma cruz com uma lança e uma esponja no cimo de três montes; em cada lado da cruz, encontram-se as abreviações dos nomes de Jesus e Maria; acima da cruz, há um olho soltando raios de luz; no topo de tudo, uma coroa. Em volta da base do selo, está o lema: "Junto Dele, é Copiosa a Redenção" (cf. Sl 130,7).

Estatuto 6, o qual reproduz substancialmente a Constituição 717 de 1764

* * *

A espiritualidade redentorista é uma espiritualidade apostólica e missionária. Essa passagem do Evangelho de Lucas é a chave para a vida apostólica dos redentoristas, e se reflete em nossa oração e espiritualidade. Os mais abandonados atraem nossa compaixão pastoral à medida que nos esforçamos em evangelizar os pobres e sermos por eles evangelizados.

Nas Escrituras Judaicas, o parente de sangue mais próximo (redentor-Goel) recebe a responsabilidade amorosa de resolver os problemas. Jesus, o Redentor, está no centro de todas as nossas orações. A Eucaristia que celebramos todos os dias é particularmente preciosa, visto que ela renova e faz presente a morte e ressurreição salvadoras de Jesus. Sendo uma celebração comunitária, ela ressalta a importância da comunidade para a vida apostólica dos Redentoristas.

Seguindo o exemplo de Santo Afonso, os Redentoristas têm Maria, a Mãe de Deus, sempre em alta estima, especialmente sob o título de Nossa Senhora do Perpétuo Socorro. Tudo isso nos enche do desejo de doar nossa vida pela Copiosa Redenção.

PARTE I

Santo Afonso de Ligório e a Oração

Rezemos, pois, sempre pedindo a graça, se desejamos ser salvos. Que a oração seja nossa mais prazerosa ocupação; que a oração seja o exercício de nossa vida inteira. E quando estivermos pedindo por graças particulares, que peçamos sempre a graça de continuar rezando no futuro; porque se desistirmos da oração, poderemos nos perder. Não há nada mais fácil do que a oração. O que nos custa dizer: Senhor, estai ao meu lado! Senhor, ajudai-me! Dai-me Vosso amor... o que pode ser mais fácil do que isso?

Santo Afonso de Ligório

A Oração, o grande meio de salvação

1. Oração Meditativa

Santo Afonso é conhecido como Doutor da Oração porque estava convencido de que a oração era o meio necessário para a salvação. Como Santo Afonso escreve em seu livro *Oração, o Grande Meio de Salvação*, "Não apenas bons pensamentos, mas muito mais do que isso: os bons afetos da vontade que são importantes, tais como os atos de humildade, confiança, desprendimento, abandono à vontade divina e, acima de tudo isso, o amor, que é o que nos une a Deus".

Essa forma de oração, que gira sempre em torno de meia hora de duração, inicia-se com um ato introdutório de nos colocar na presença de Deus e uma curta prece pedindo o auxílio divino. Após a oração inicial, faz-se uma breve leitura bíblica ou de algum livro de espiritualidade. Esse é o primeiro "ponto" da meditação e é seguido de um silêncio de dez minutos ou mais. Ao final disso, outro "ponto" é lido, ao qual também se seguem alguns minutos de silêncio. Ao final desse segundo silêncio, algumas breves orações finais são recitadas e se conclui o momento de meditação (ou oração mental).

O que fazer durante os momentos de silêncio? O primeiro passo é refletir sobre o que foi lido e meditar sobre o texto. A isso, seguem-se os afetos do coração – amor, adoração, ação de graças, preces e súplicas de perdão. Muitos têm elencado esses afetos do coração em quatro diferentes categorias e usado o acrônimo ACAS para memorizá-los:

A = Adoração. Nós adoramos e louvamos a Deus.
C = Contrição. Confessamos os nossos pecados contra Deus e o próximo, e pedimos perdão.
A = Ação de Graças. Nós agradecemos a Deus as bênçãos que recebemos.

S = Súplicas (preces). Pedimos a Deus que atenda todas as nossas necessidades.

Para concluir a meditação, colocamos abaixo algumas ações práticas para fundamentar nossa oração no dia a dia.

Meditação Afonsiana

Início: Faça um ato de fé e humildade e uma prece suplicando luz e força; diga uma pequena oração a Maria, a José, a seu anjo da guarda e a seu santo de devoção.

Meditação: Leia alguns versículos da Sagrada Escritura ou de um livro de espiritualidade, então pense e reflita sobre o que leu. O que significa? O que me ensinou? O que você fez sobre isso no passado e o que deve fazer a partir de agora?

Ato de amor: Reze pela graça de amar a Deus. Diga a Deus que você o ama!

Orações de Preces: Reze pelas graças de que você precisa, tanto para seu dia a dia quanto para sua jornada espiritual.

Resolução: Tome uma decisão que você possa cumprir no dia de hoje.

Conclusão: Agradeça a Deus qualquer graça que você tenha recebido, renove seu compromisso e peça a Jesus e a Maria, no amor que eles têm por nós, a ajuda para que você possa manter suas decisões.

2. Visitas a Jesus Sacramentado e a Nossa Senhora

Santo Afonso escreveu uma série de trinta e uma orações, uma para cada dia do mês, para usar na visita ao Santíssimo Sacramento e a Nossa Senhora. Incluímos aqui um trecho das Visitas a Jesus Sacramentado e a Nossa Senhora de Santo Afonso.

Oração preparatória

Senhor meu Jesus Cristo, que, por amor dos homens, ficais dia e noite neste sacramento, cheio todo de misericórdia e amor, esperando, chamando e acolhendo todos os que vêm visitar-vos, eu creio que estais presente no sacramento do altar. Adoro-vos do abismo do meu nada e graças vos dou por todos os vossos benefícios, especialmente por vos terdes dado a mim neste sacramento, por me haverdes concedido por advogada Maria, vossa Mãe santíssima e, finalmente, por me haverdes chamado a visitar-vos nesta igreja.

Saúdo hoje o vosso Coração amantíssimo e quero saudá-lo por três fins: primeiro em agradecimento pelo grande dom de vós mesmo; segundo, em reparação das injúrias que tendes recebido, neste sacramento, de todos os vossos inimigos; terceiro, na intenção de vos adorar, por esta visita, em todos os lugares da terra, onde vós, neste divino sacramento, estais menos reverenciado e mais abandonado.

Meu Jesus, amo-vos de todo o meu coração. Arrependo-me de, no passado, ter ofendido tantas vezes a vossa bondade infinita. Proponho com a vossa graça não mais vos ofender no futuro. E, nesta hora, miserável como sou, consagro-me todo a vós, e vos dou e entrego a minha vontade, os meus afetos, os meus desejos e tudo o que me pertence. Daqui em diante, fazei de mim, e de tudo o que é meu, o que vos aprouver. Somente vos peço e quero o vosso santo amor, a perseverança final e o perfeito cumprimento da vossa vontade.

Recomendo-vos as almas do purgatório, especialmente as mais devotas do Santíssimo Sacramento e da Santíssima Virgem Maria. Recomendo-vos, também, todos os pobres pecadores. Enfim, amado Salvador meu, uno todos os meus afetos aos do vosso Coração amantíssimo e, assim unidos, eu os ofereço a vosso eterno Pai, pedindo-lhe em vosso nome e por vosso amor se digne de os aceitar e atender.

Comunhão espiritual

Creio, meu Jesus, que estais presente no Santíssimo Sacramento. Amo-vos sobre todas as coisas e desejo possuir-vos em minha alma. Mas como agora não posso receber-vos sacramentalmente, vinde ao menos espiritualmente ao meu coração. E, como se vos tivesse já recebido, uno-me inteiramente a vós; não consintais, Senhor, que de vós jamais me aparte.

Oração à Santíssima Virgem

Santíssíma Virgem Imaculada, Maria, minha Mãe, a vós que sois a Mãe do meu Senhor, a Rainha do mundo, a Advogada, a Esperança e o Refúgio dos pecadores, recorro hoje eu, que sou o mais miserável de todos.

Aos vossos pés me prostro, ó grande Rainha, e dou-vos graças por todos os benefícios que até agora me tendes feito, especialmente por me haverdes livrado do inferno, por mim tantas vezes merecido. Eu vos amo, Senhora amabilíssima, e, pelo amor que vos tenho, prometo servir-vos sempre e fazer quanto posso para que por todos sejais amada. Em vós, depois de Jesus, ponho todas as minhas esperanças, toda a minha salvação. Aceitai-me por vosso servo e acolhei-me debaixo de vosso manto, ó Mãe de misericórdia. E já que sois tão poderosa junto de Deus, livrai-me de todas as tentações ou impetrai-me forças para vencê-las até a morte. A vós suplico o verdadeiro amor a Jesus Cristo; de vós espero alcançar uma boa morte. Minha Mãe, pelo amor que tendes a Deus, eu vos rogo que me ajudeis sempre, principalmente no último instante de minha vida. Não me desampareis enquanto não me virdes já salvo no céu a bendizer-vos e a cantar as vossas misericórdias por toda a eternidade. Assim o espero. Assim seja.

Primeira Visita: Vamos à fonte

Jesus Sacramentado, eis a fonte de todos os bens. Ele diz: "Se alguém tem sede, venha a mim e beba" (Jo 7,37).

Com que abundância os santos sempre têm bebido das águas da graça nesta fonte do Santíssimo Sacramento, onde Jesus nos reparte todos os méritos de sua Paixão, conforme predisse o profeta: "Ireis, cheios de alegria, tomar as águas das fontes do Salvador" (Is 12,3).

À condessa de Féria, ilustre penitente do bem-aventurado João de Ávila, que se fez religiosa de Santa Clara e que, por causa de suas contínuas e prolongadas visitas a Jesus sacramentado, era chamada esposa do Santíssimo Sacramento, perguntaram uma vez o que fazia durante as longas horas que passava aos pés do altar. Respondeu ela: "Diante do tabernáculo ficaria eu por toda a eternidade. Pois não está ali a essência divina, que há de ser o sustento dos bem-aventurados? Meu Deus! Que se faz diante do Santíssimo Sacramento? Pois o que se há de fazer? Ama-se, louva-se, agradece-se, pede-se. Que faz um pobre diante de um rico? Que faz um enfermo diante do médico? Um sedento diante duma fonte cristalina? Um faminto assentado a uma mesa farta?”

Meu Jesus, vida, esperança, tesouro e único amor de minha alma, quanto vos custou a permanência conosco neste sacramento! Para ficardes sobre os nossos altares, preciso vos foi morrer na cruz. E depois, neste sacramento, quantas injúrias sofreis para estardes presente no meio de nós! Mas venceu o vosso amor, venceu o desejo que tendes de ser amado por nós.

Vinde, pois, Senhor, vinde, encerrai-vos no meu coração e trancai-lhe a porta para sempre, a fim de que nenhuma criatura entre nele para compartilhar o amor que vos devo e quero dar-vos sem reserva. Vós somente, meu amado Redentor, reinai sobre mim e possuí-me; e, se alguma vez não obedecer perfeitamente, castigai-me com rigor para que, no futuro, seja mais atento em vos agradar e fazer a vossa vontade.

Fazei que eu não deseje nem busque outro prazer mais que o de vos ser agradável, visitar-vos muitas vezes nos altares, entreter-me convosco e receber-vos na santa comunhão. Outros bens procure quem os quiser; eu, porém, só amo e só desejo o tesouro do vosso amor: isso só, e nada mais vos quero pedir aos **pés do altar.**

Fazei que eu me esqueça de mim mesmo para me lembrar somente da vossa bondade. Bem-aventurados serafins, não tenho inveja da vossa glória, mas do amor que consagrais ao vosso Deus, que é também o meu; ensinai-me o que devo fazer para amá-lo e ser-lhe agradável.

– Meu Jesus, só a vós quero amar, só a vós quero agradar.

Cheia de Graça

Outra fonte de graças, extremamente preciosa para nós, é Maria, nossa Mãe, fonte tão rica de bens, que não há no mundo um só homem que deles não participe. "Todos nós recebemos da sua plenitude", diz São Bernardo. Maria recebeu de Deus toda a abundância da graça, segundo a saudação do Anjo: Eu vos saúdo, cheia de graça. Entretanto essa abundância de graças, ela recebeu não só para si, mas também para nós. "Maria, diz São Pedro Crisólogo, recebeu esse imenso tesouro de graças, para repartir dele com todos os seus devotos servos."

– Maria, causa da nossa alegria, rogai por nós!

Adquira o livro *Visitas a Jesus Sacramentado e a Nossa Senhora,* da Editora Santuário.

3. Os Quatro Pilares da Espiritualidade Afonsiana

No centro da espiritualidade afonsiana está o amor: o amor de Deus por nós e nosso amor por Deus como resposta. Santo Afonso admirava-se totalmente pelo amor de Deus por ele e por todos nós, manifesto especialmente em Jesus. Ele é a prova inabalável de que Deus nos ama.

A espiritualidade de Santo Afonso foca no amor de Deus mostrado em Jesus, nosso Redentor, que compartilhou de nossa condição humana; que sofreu, morreu e ressuscitou; que continua presente no meio de nós; que nos deu sua própria mãe para interceder por nós.

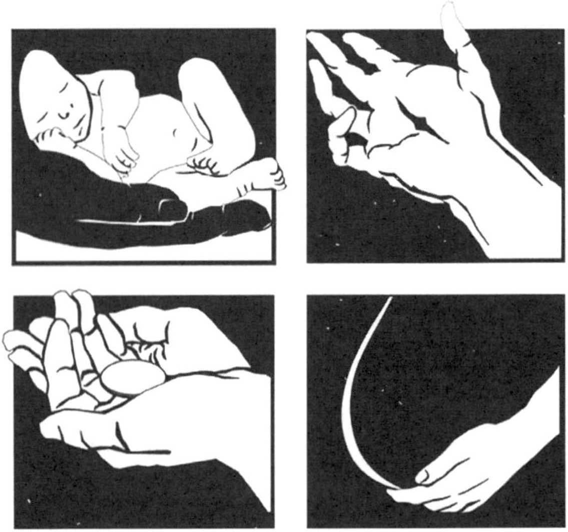

A espiritualidade de Santo Afonso é o amor que se doa a si mesmo e a presença manifestada em Jesus. Os Redentoristas têm tradicionalmente resumido essa espiritualidade nos quatro pilares: o presépio, a cruz, a Eucaristia e Maria. Jesus, o Redentor, é Deus que se fez homem na Encarnação (Presépio). Ele nos redimiu ao aniquilar-se a si mesmo, tornando-se um servo, e aceitando todas as consequências da vida humana – até mesmo uma morte desonrosa (Cruz). Ele continua nos oferecendo sua graça amorosa e salvadora no altar (Eucaristia). E ele nos consola, por meio da intercessão de sua mãe (Maria) a quem Jesus nos confiou no momento da cruz. ***Presépio, Cruz, Eucaristia, Maria:*** Encarnação, Redenção, Eucaristia, Maria. Tudo se resume a um grande evento pelo qual Deus nos assegura que somos amados em Jesus.

Dos escritos de Santo Afonso:

Presépio: Meu amantíssimo Jesus, se é verdade que a propriedade é adquirida por doação, então vós sois verdadeiramente meu, pois o Pai vos deu a mim. De fato, vós nascestes por mim; vós fostes dado a mim. Como lemos nas escrituras: "Pois um menino nasceu para nós, um filho nos foi dado" (Is 9,5). Assim sendo, posso dizer assertivamente: "Meu Deus e meu tudo!" E já que sois meu, tudo que vos pertence também é meu (cf. Rm 8,32). Portanto vosso precioso sangue é todo meu, vossa graça é minha, vosso paraíso é meu; e sendo vós todo meu, quem poderá vos tirar de mim? Amém.

Meditação para a Novena de Natal
A Encarnação, o Nascimento e a Infância de Jesus Cristo

Cruz: Teria sido possível que Deus, o criador de todas as coisas, tivesse se agradado em morrer por suas criaturas? Sim, foi pela fé que ele assim o fez, "Cristo nos amou e se entregou por nós" (Ef 5,2). A terra, os céus e toda a natureza testemunharam, admirados, Jesus, o Filho unigênito de Deus, Senhor do Universo, morrendo em meio a grandes dores e sofrimento, como um criminoso em uma cruz vergonhosa. Por quê? Por amor à humanidade! Senhor, eu conheci vossa Paixão e, mesmo assim, tenho deixado de vos amar, e não só isso, também tenho vos ofendido frequentemente. Perdoai-me, eu vos suplico, e lembrai-me continuamente da morte que vós sofrestes por amor a mim, para que eu jamais volte a vos ofender, mas possa sempre vos amar... Meu Jesus Crucificado, quero ser somente vosso, hoje e para sempre, e não quero amar a ninguém mais a não ser a vós. Amém.

O Caminho da Salvação

Eucaristia: Meu Jesus amado, vós não podeis dar provas de amor maiores do que essas que já tendes nos dado. Vós destes vossa vida por nós – e vos entregastes a nós na Santa Comunhão, para que pudéssemos ser nutridos com vossa própria carne e vosso próprio sangue. Como podemos ver todos esses testemunhos de vosso amor e ainda falharmos em vos amar de volta?

Eu vos agradeço me dardes o tempo e a oportunidade para não só me arrepender das ofensas cometidas contra vós, mas também para vos amar por toda a minha vida. Ajudai-me, meu Jesus, a rejeitar e a expulsar de meu coração todo e cada afeto que não seja regido para vós, para que, deste dia em diante, eu não queira, não busque e não ame a ninguém que não seja somente a vós. Meu Deus, quem mais devo amar a não ser a vós, que sois supremo bem? Amém.

Santo Afonso de Ligório,
"Meditação para Corpus Christi"

Maria: Ó mais bela Senhora, eu me alegro em vos ver tão querida por Deus por causa de vossa pureza e beleza. Agradeço a Deus ter vos preservado vos de toda mancha do pecado; e, visto serdes tão amada pela Santíssima Trindade, não recuseis a olhar, com amor, sobre mim, um pecador. Obtende de Deus perdão para meus pecados e a eterna salvação. Olhai para mim e transformai-me. Atraí meu coração para vós para que, de agora em diante, eu possa amar verdadeiramente o Vosso Filho e a vós. Sabeis que depositei minha esperança em vós, minha querida Mãe, então não me abandoneis! Ajudai-me na vida com vossa poderosa intercessão e vinde em meu auxílio, especialmente na hora de minha morte. Amém.

"Meditações para a Festa da Imaculada Conceição,"
Glórias de Maria

PARTE II

Devoção dos Redentoristas a Maria

Maria é a criatura que gratuitamente recebeu de Deus tudo o que tem. Mas quem pode negar que é razoável e apropriado afirmar que Deus deseja exaltar esta grande criatura?

1. O Ícone de Nossa Senhora do Perpétuo Socorro

O Ícone de Nossa Mãe do Perpétuo Socorro foi criado no estilo bizantino da Igreja Oriental. O propósito desse estilo é transmitir uma mensagem espiritual.

Uma pintura bizantina é como uma porta; queremos abri-la e ir além. O artista retratou em símbolos a beleza e o mistério de Maria e de Jesus, e a mensagem deles.

O Ícone de Nossa Mãe do Perpétuo Socorro remonta pelo menos ao décimo quinto século, mas ninguém sabe ao certo quando foi pintado e quem foi o autor. Sabemos, sim, que, em 1866, o papa Pio IX confiou o quadro aos Redentoristas, não como um presente, mas para uma missão. Ele lhes disse: "Fazei-a conhecida por todo o mundo". Os Redentoristas abraçaram esse pedido distribuindo cópias do quadro e partilhando histórias de sua poderosa intercessão, nas missões e nas homilias. Milhares de igrejas e altares foram dedicados a ela, e são rezadas devoções e novenas dedicadas a ela em igrejas por toda a parte.

O olhar de Maria

Nós nos colocamos diante deste Ícone para sermos vistos por Maria. Mas ela e seu Filho nos chamam para ir além. Devemos contemplar o mundo através dos olhos deles.

* Quando olhamos com ternura, compaixão, misericórdia e amor para o mundo à nossa volta, quem nós vemos?... O que nós vemos?

* Porque vemos com olhos de ternura, compaixão e misericórdia, como o foco de nossa missão pode ficar mais claro?

* Partilhar do olhar de Maria é ser chamado a transformar o mundo – a ser um ministro da Redenção.

Cruz, Lança, Pregos e Esponja

Os anjos seguram esses símbolos com véus, que simbolizam a ressurreição, a vitória sobre a morte.

* No mundo a sua volta, você vê sinais de esperança e ressurreição onde antes a morte reinava?

* Por meio de quais ações você é um ministro da esperança e da ressurreição?

2. Perpétuo Socorro hoje

A missão da Família Redentorista com a Mãe do Perpétuo Socorro não é apenas fazê-la conhecida. Hoje, somos chamados a fazer muito mais. Nossa missão deve ser a de acompanhar Maria em sua missão como uma missionária-discípula de Jesus, o Redentor.

Com Maria, Nossa Mãe do Perpétuo Socorro, nossa missão é:

* **Acompanhar** o pobre e o abandonado com compaixão, ternura e amor materno;

* **Reunir** o Povo de Deus como peregrino, especialmente o pobre e o sofredor;

* **Lutar** por justiça com o poder revolucionário do amor e da ternura;

* **Rezar** no meio do Povo de Deus.

3. Oração a Nossa Senhora do Perpétuo Socorro

Ó Virgem do Perpétuo Socorro, grande sinal de nossa esperança, Santa Mãe do Redentor, nós invocamos o vosso nome. Ajudai o vosso povo que deseja ser renovado.

Dai-nos alegria conforme caminhamos para o futuro na solidariedade consciente e ativa com os mais pobres dos nossos irmãs e nossas irmãs, anunciando a eles, de uma maneira nova e corajosa, o Evangelho de Vosso Filho, o princípio e o fim de todos os relacionamentos humanos que buscam viver uma paz verdadeira, justa e duradoura.

Assim como o menino Jesus, a quem nós admiramos neste venerável Ícone, também queremos segurar a vossa mão direita. Vós tendes tanto o poder quando a bondade para nos ajudar em cada necessidade e circunstância da vida. Este momento é vosso.

Vinde, pois, ajudar-nos; sede o nosso refúgio e nossa esperança. Amém.

Papa São João Paulo II

Antífonas Marianas Bizantinas

É verdadeiramente justo bendizer a vós, ó Portadora de Deus, como a sempre bendita e imaculada Mãe de Deus. Mais honrosa do que os querubins e muito mais ilustre do que os serafins, sempre Virgem, vós destes à luz Deus, a Palavra. Ó verdadeira Mãe de Deus, nós vos exaltamos.

*

O anjo clamou Àquela cheia de graça: "Ó Virgem Casta, alegrai-vos! E disse mais uma vez, alegrai-vos! Vosso Filho levantou-se do túmulo no terceiro dia e ressuscitou dos mortos". Que todos os povos se regozijem! Brilhai, brilhai, ó Nova Jerusalém, pois a glória do Senhor brilhou sobre vós! Exultai agora e alegrai-vos, ó Sião! E vós, ó casta Mãe de Deus, deliciai-vos na ressurreição de vosso Filho.

*

Alegrai-vos, Virgem Maria, cheia de graça! Ó Theotokos (Mãe de Deus), o Senhor está convosco! Bendita sois vós entre as mulheres e bendito é o fruto do vosso ventre, pois vós destes à luz o Salvador de nossas almas. Amém.

PARTE III

Santos Redentoristas

Toda santidade consiste em amar a Deus, e o amar a Deus consiste em fazer sua vontade.

Santo Afonso de Ligório
Conformidade à Vontade de Deus

Santo Afonso de Ligório
Bispo, Doutor, Fundador da Congregação do Santíssimo Redentor

1º de agosto

Afonso de Ligório nasceu em Nápoles, Itália, no dia 27 de setembro de 1696. Ele viveu toda a sua vida no Reino de Nápoles.

Primeiro filho de uma família abastada, ele completou seus estudos literários e científicos em casa e obteve seu doutorado em lei civil e eclesiástica aos dezesseis anos.

Depois de perder uma causa importante, em 1723, abandonou a vida de advogado. Afonso foi ordenado padre no dia 21 de dezembro de 1726. Embarcou em um apostolado intenso nos bairros pobres de Nápoles, doando-se especialmente à formação moral e catequética do povo mais humilde. Como membro das Missões Apostólicas, ele também se dedicou à pregação das missões nas regiões ao redor do Reino de Nápoles.

Quando sua saúde estava criticamente debilitada por seus trabalhos apostólicos, ele foi descansar em Santa Maria Dei Monti, nas colinas acima de Amalfi.

Lá, ele conheceu os pobres camponeses e cabreiros que não possuíam nenhuma assistência espiritual. Essa experiência despertou o desejo no coração de Afonso de fundar um instituto de evangelização aos pobres. A Congregação do Santíssimo Redentor nasceu em Scala, no dia 9 de novembro de 1732. Pregação e oração eram o centro da atividade missionária de Afonso. Onde ele não conseguia atingir as pessoas com pregação explícita da palavra, procurava fazê-lo com seus escritos. Suas 111 obras já passaram por muitas edições.

Em 1762, Afonso foi nomeado bispo de Santa Águeda dos Godos, onde trabalhou especialmente na formação do clero. Treze anos mais tarde, ele renunciou ao episcopado devido à idade e retornou a Pagani, onde morreu no dia 1º de agosto de 1787, com quase noventa e um anos. Afonso foi canonizado pelo papa Gregório XVI no dia 26 de maio de 1839. No dia 23 de março de 1871, o papa Pio IX declarou Santo Afonso como Doutor da Igreja. No dia 26 de abril de 1950, o papa Pio XII declarou-o patrono dos confessores e dos moralistas. Afonso é também conhecido como o patrono daqueles que sofrem com artrite, porque ele sofreu muito com essa enfermidade.

O corpo de Santo Afonso repousa
na cripta da Basílica em Pagani, Itália.

Oração de Santo Afonso ao Espírito Santo

Dirigente: Vós fizestes Maria cheia de graça e inflamastes os corações dos apóstolos com um santo zelo.

Todos: Inflamai nossos corações com vosso amor.

Dir.: Vós sois o espírito de bondade.

T: Dai-nos coragem para enfrentarmos o mal.

Dir.: Vós sois o fogo.

T: Acendei-nos com vosso amor.

Dir.: Vós sois a luz.

T: Iluminai nossa inteligência, para que possamos enxergar o que nos é realmente importante.

Dir.: Vós sois a pomba.

T: Dai-nos brandura.

Dir.: Vós sois uma suave brisa.

T: Trazei calma às tempestades que assolam nosso interior.

Dir.: Vós sois a língua.

T: Que nossos lábios cantem sempre os vossos louvores do Senhor.

Dir.: Vós sois a nuvem.

T: Abrigai-nos debaixo da sombra de vossa proteção.

Dir.: Ó Santo Espírito, derretei o que está congelado, aquecei o que está frio e acendei em nós um verdadeiro desejo de vos agradar. Nós vos pedimos tudo isso por Cristo, nosso Senhor.

São Clemente Hofbauer

Padre, Padroeiro da Polônia, Copadroeiro de Viena

15 de março

Clemente Maria Hofbauer nasceu em Tasswitz, na Morávia (hoje, República Tcheca), no dia 26 de dezembro de 1751.

Em sua tenra juventude, depois da morte de seu pai, ele trabalhou como aprendiz de padeiro. Tendo se tornado um servidor na Abadia Norbertina de Klosterbruck, foi-lhe possível seguir o chamado do sacerdócio completando primeiramente o ensino médio e depois seus estudos catedráticos de filosofia e teologia, em Viena, Áustria. Durante esse período, ele fazia peregrinações anuais a Roma, onde conheceu os Redentoristas.

No dia 24 de outubro de 1784, juntamente com seu amigo Tadeu Hübl, Clemente ingressou na Congregação dos Redentoristas. Ambos professaram os votos religiosos no dia 19 de março de 1785 e foram ordenados sacerdotes no dia 29 de março. Como vigário geral da Congregação além dos Alpes, Clemente fundou a primeira casa dos Redentoristas em Varsóvia,

Polônia. Outras casas foram erigidas na Polônia, Prússia, Alemanha, Suíça e Romênia. Ele viveu em Varsóvia de 1787 a 1808, e com a colaboração dos fiéis leigos de várias nacionalidades, ele desenvolveu um apostolado muito frutuoso, promovendo bons trabalhos e fortalecendo a piedade dos fiéis.

Com a tomada da Polônia por Napoleão, os Redentoristas foram supressos. Hofbauer, forçado a deixar a cidade de Varsóvia, dirigiu-se a Viena. Em 1813, foi nomeado reitor da igreja das Ursulinas. Por meio dos carismas da direção espiritual, da pregação, da confissão e das obras de caridade, ele converteu e ajudou pessoas de todas as classes sociais. As atividades de Hofbauer influenciaram o Congresso de Viena e a cultura da época, especialmente o movimento do Romantismo.

Clemente morreu em Viena, no dia 15 de março de 1820. Foi canonizado pelo papa Pio X no dia 20 de maio de 1909. Ele é copadroeiro de ambas as cidades, Viena e Varsóvia.

O Santuário de São Clemente Hofbauer está
na igreja de Maria am Gestade, em Viena, Áustria.

Oração a São Clemente Hofbauer

Basta-nos ter coragem. Ó Deus, vós sois o Mestre. Vós guiais a todos para o bem de vossa glória e para o que é melhor para todos nós, e ninguém pode resistir a vós.

Todos os nossos projetos, por mais bem pensados que sejam, servem apenas para cumprir vossa vontade.

*

Coragem, coragem, Deus toma conta de tudo. Devemos esperar contra toda esperança, pois o que parece impossível aos seres humanos, é possível para Deus.

São Geraldo Majela

Irmão Religioso, Padroeiro das mães, especialmente durante a gravidez

16 de outubro

Geraldo Majela nasceu em Muro Lucano, Itália, em 6 de abril de 1726, em uma família muito humilde.

De seus pais, Geraldo aprendeu o amor à oração e ao sacrifício. Quando seu pai faleceu, Geraldo, sendo o único filho, teve de prover para sua família trabalhando como alfaiate. Aos quatorze anos, ele tentou ingressar no convento dos capuchinhos, mas foi rejeitado devido a sua saúde frágil. Depois de um curto período como servente doméstico do bispo de Lacedônia, retornou para a alfaiataria, mas ganhava uma renda muito pequena.

Em abril de 1749, depois de participar de uma missão Redentorista em Muro, Geraldo conseguiu ser aceito na Congregação. Vivendo um processo de experiência e um ano de noviciado na casa de Deliceto, ele professou seus votos religiosos no dia 16 de julho de 1752.

Geraldo foi reconhecido por sua observância da regra Redentorista e por coletar dinheiro para as necessidades materiais da comunidade. Sua presença para o povo, oprimido pela pobreza e pelo analfabetismo, era um sinal de esperança para eles. Geraldo teve grande empatia e testemunhou para que todos tivessem confiança no amor e na compaixão de Deus.

Durante seus cinco anos como irmão leigo na Congregação, Geraldo foi extraordinário por seu zelo apostólico, paciência na enfermidade, amor aos pobres, profunda humildade frente a uma falsa acusação, obediência heroica, espírito de penitência e constância na oração. Escreveu inúmeras cartas de direção espiritual. O Senhor favoreceu-o com muitos dons espirituais, incluindo a profecia, a sensibilidade para ler os corações das pessoas e o dom dos milagres. Faleceu em Materdomini, no dia 16 de outubro de 1755.

Geraldo foi beatificado pelo papa Leão XIII, em 29 de janeiro de 1893, e canonizado pelo papa Pio X, em 11 de dezembro de 1904. Ele é invocado como patrono das mães, especialmente no tempo da gravidez. Casais que esperam conceber uma criança também recorrem à intercessão de São Geraldo.

O santuário de São Geraldo Majela fica situado na Basílica de Materdomini, Itália.

Oração de São Geraldo

É verdade que, às vezes, encontramo-nos confusos e fracos, mas não há confusão nenhuma com Deus, não há fraqueza nenhuma com o poder de Deus, porque é certo que, em nossas batalhas, a majestade divina ajuda-nos com seu braço poderoso. E assim podemos ser alegres e crescer em força (ao aceitar) a vontade de Deus. E nós bendizemos as suas mais santas obras por toda a eternidade.

De uma carta de São Geraldo,
22 de janeiro de 1752

Para conceber um filho

Ó meu bom São Geraldo, poderoso intercessor e santo milagroso, nós vos clamamos e buscamos vossa ajuda. Vós sabeis que ainda não tivemos a graça de conceber uma criança e o quanto desejamos esse presente. Por favor, apresentai essas nossas súplicas a Deus, de quem o dom da paternidade e maternidade procede, e pedi ao Criador da Vida que nos abençoe com um filho ou uma filha, a quem criaremos como um herdeiro do céu. Amém.

São João Neumann
Bispo

5 de janeiro

John Neumann nasceu em Prachatitz, na Boêmia (hoje, República Tcheca), no dia 28 de março de 1811. Estudou teologia no seminário de Budweis. Zeloso pela vida missionária e desejoso de guiar as almas para Cristo, decidiu deixar sua terra natal para se dedicar aos imigrantes europeus nos Estados Unidos.

Neumann foi ordenado sacerdote pelo bispo de Nova Iorque, em junho de 1836, e se doou ao cuidado pastoral das pessoas da vasta área ao redor das cataratas do Niágara. Querendo viver em uma comunidade religiosa que correspondesse mais com sua vocação missionária, ingressou na Congregação do Santíssimo Redentor em janeiro de 1842. Um missionário incansável, Neumann se ocupou principalmente dos imigrantes alemães, primeiro em Baltimore, depois em Pittsburgh. Tendo assumido o cargo de Vice-Provincial dos Redentoristas de 1846 a 1849, tornou-se o pároco da igreja de Santo Afonso em Baltimore. Em 1852, com quarenta e um anos, foi nomeado bispo da Filadélfia.

João Neumann teve uma forte influência sobre a vida religiosa nos Estados Unidos ao fundar escolas católicas e promover a devoção à Eucaristia. Ele fundou um novo instituto religioso: a Terceira Ordem de São Francisco de Glen Riddle. A Escola das Irmãs de Notre Dame também considera o Bispo Neumann como seu fundador secundário, o "pai delas na América". Em apenas sete anos, ele construiu oitenta e nove igrejas, assim como vários hospitais e orfanatos. Neumann era incansável em visitar sua vasta diocese.

Em 5 de janeiro de 1860, aos quarenta e nove anos, veio a falecer de repente de um ataque do coração em uma rua da Filadélfia. João Neumann foi beatificado durante o Concílio Vaticano II, em 13 de outubro de 1963; e foi canonizado em 19 de junho de 1977. Na homilia pela ocasião da canonização de Neumann, o papa Paulo VI resumiu os trabalhos do novo santo com as seguintes palavras: "Ele estava próximo do enfermo, ele amava estar com os pobres, ele era amigo dos pecadores e agora ele é a glória de todos os imigrantes".

São João Neumann é invocado como padroeiro das crianças e dos imigrantes.

O Santuário Nacional de São João Neumann está localizado na Filadélfia, Pensilvânia, EUA.

Oração de São João Neumann

Destituí-me de tudo, meu Deus, menos do desejo de unir a minha vontade à Vossa, na perfeita resignação!

Quanto eu vos amo, ó meu Jesus! Desejo vos amar com todo o meu coração; mesmo assim, ainda não vos amo o suficiente. Minha falta de devoção e minha negligência ainda me assombram. Tenho apenas um desejo: estar perto de vós no Santíssimo Sacramento. Vós sois o doce esposo de minha alma. Meu Jesus, meu amor, meu tudo, eu ficaria muito feliz em passar fome, sede, calor e frio para ficar sempre convosco no Santíssimo Sacramento.

Meu Jesus, expulsai o demônio do desespero! Minha devoção desapareceu, minhas lágrimas secaram, os pensamentos sobre meu anjo e meu santo de devoção já não acalmam minha alma perturbada! Até mesmo vossa lembrança, meu Salvador, e a lembrança de vossa Mãe Bendita, vão se apagando em minha oração mental. Ó Jesus, não me abandoneis! Ajudai-me! Estou decidido a não negligenciar nenhuma de minhas devoções!

Beato Pedro Donders

Padre

14 de janeiro

Pedro Donders nasceu em Tilburg, Holanda, em 27 de outubro de 1809. Ainda menino, sentiu o chamado para ser padre. Sua família era pobre, e seus estudos diminuíram para que pudesse aprender a tecelagem, que era o negócio ao qual seu pai se dedicava. Aos vinte e dois anos, ele ingressou no seminário São Michael-Gestel. Ordenado padre em 5 de junho de 1841, Donders rumou para Paramaribo, no Suriname, uma colônia holandesa.

Por quatorze anos, ele dedicou seu ministério aos 2 mil Católicos da cidade, e visitava regularmente o assentamento de escravos, as guarnições militares e os povos indígenas à beira dos rios. Em 1856, ele se ofereceu para trabalhar com os leprosos na Batávia, onde ele permaneceu o resto de sua vida, com exceção de alguns pequenos intervalos. Em 1866, ele ingressou nos Redentoristas, professando seus votos em 24 de junho de 1867. Esses votos deram a ele um entendimento mais claro da vida comunitária missionária e apostólica. E ele saía da Batávia com mais frequência para ajudar em outras necessidades pastorais. Donders morreu no meio de seus irmãos leprosos, no dia 14 de janeiro de 1887, lembrado com prantos pelos leprosos como seu benfeitor e invocado como um santo. Papa São João Paulo II beatificou Pedro Donders em 23 de maio de 1982.

O corpo do Beato PedroDonders repousa em Batávia, Suriname.

Oração em honra ao Beato Pedro Donders

Querido e compassivo Deus, nós vos agradecemos pelo Beato Pedro Donders que dedicou sua vida a vós e serviu a todos que estavam enfermos e eram discriminados e abandonados. Vós destes a este humilde padre missionário um coração aberto a todas as pessoas, não importando a raça, a cor ou a descendência. Dessa forma, ele seguiu nos passos de Cristo, que realizou milagres de bondade no meio de nós. Ele, vosso Filho, disse que quem crer nele, seja quem for, fará milagres ainda maiores. Permiti que também hoje as pessoas possam experienciar os milagres de bondade e salvação por meio da intercessão do Beato Pedro Donders.

Beato Gaspar Stanggassinger
Padre

26 de setembro

Gaspar Stanggassinger nasceu em Berchtesgaden, na Alemanha, em 12 de janeiro de 1871. Em 1890, ingressou no seminário, onde se deu conta de que o Senhor o chamava para viver como religioso. Após a visita de alguns Redentoristas, ele foi inspirado a seguir essa vocação missionária. Ele foi ordenado sacerdote Redentorista em 1895 e foi escolhido para o trabalho de formar os futuros Redentoristas. Consciente de suas próprias limitações acadêmicas, ainda como estudante e depois como professor de seminário, ele reuniu grupos de jovens para perto de si e os empregou no trabalho missionário. Profundamente devoto a Jesus presente na Eucaristia, Gaspar convidava a todos a recorrer ao Santíssimo Sacramento em tempos de necessidade e preocupações. Pouco depois de ser nomeado diretor de um novo seminário Redentorista na Baviera, morreu subitamente de peritonite *(inflamação da membrana que envolve o abdômen, peritônio)*, no dia 26 de setembro de

1899, aos vinte e oito anos. Gaspar foi beatificado pelo papa São João Paulo II, em 24 de abril de 1988.

O santuário do Beato Gaspar Stanggassinger está localizado na igreja Redentorista de Gars, Alemanha.

Oração do Beato Gaspar Stanggassinger

Espírito de santidade, vinde ao meu coração. Dai-me verdadeira santidade, sempre querendo e reconhecendo o bom e o verdadeiro, e detestando e desprezando o que é mau e falso.

Sou pobre sem vós, mas se vierdes ao meu coração com vossa graça, então já não serei pobre e sim infinitamente rico. Somente pela graça chegamos ao céu. Somente por ela podemos nos tornar melhores. Apenas por meio dela podemos permanecer bons.

Se o Espírito de Deus estiver com você, tudo é mais fácil, tudo acaba bem. Santo Espírito, vós sois a luz da bem-aventurança e do brilho que chega a nós da eternidade. Sem vossa graça, eu não sou nada.

Dai-me vossa graça e eu vou colaborar convosco quando estiver em vossa graça; eu renuncio tudo o mais. Mas quando eu quiser ir com minhas próprias forças, dirigindo minha própria vida, então eu cairei, porque sem vossa graça, nada posso fazer.

Beato Januário Sarnelli
Padre

30 de junho

Januário Sarnelli nasceu em Nápoles, Itália, em 12 de setembro de 1702. Filho do Barão de Ciorani, teve sólida formação cultural e espiritual.

Conseguiu um doutorado em direito civil e canônico aos vinte anos. Cuidando dos enfermos no Hospital dos Incuráveis, Sarnelli sentiu o chamado ao sacerdócio. Nesse período, também veio a conhecer Afonso de Ligório, que foi seu primeiro biógrafo. Ordenado padre em 1732, Januário se dedicou especialmente à catequese da juventude, com uma particular atenção às jovens mulheres que corriam riscos de prostituição. Em janeiro do ano seguinte, Sarnelli foi a Scala e ingressou na Congregação do Santíssimo Redentor, no dia 9 de novembro de 1733. Dedicou-se a pregar a Palavra de Deus aos mais necessitados de ajuda espiritual. Por razões de saúde, retornou a Nápoles em 1736, onde continuou seus trabalhos de pastoral e de caridade.

Em 1741, organizou e participou da grande missão a grandes áreas das periferias de Nápoles, onde estavam os espiritualmente mais abandonados. Sarnelli publicou mais de trinta livros dos mais diversos temas. Faleceu em Nápoles, no dia 30 de junho de 1744, com quarenta e dois anos. Papa São João Paulo II beatificou-o em 12 de maio de 1996.

Beato Januário Sarnelli repousa na primeira igreja Redentorista, em Ciorani, Itália.

Oração em honra ao Beato Januário Sarnelli

Santíssimo Redentor, nós nos colocamos em vossa presença, confiantes de que sois um Deus amoroso e misericordioso. Vós caminhais conosco noite e dia, enquanto nos esforçamos em proclamar vosso Evangelho com compaixão aos pobres e abandonados. À medida que vamos entrando em contato com os necessitados, olhamos para o Beato Januário Sarnelli como um modelo e um auxílio. Seu desejo ardente foi trazer as pessoas, às margens da sociedade e da Igreja, para conhecer-vos e amar-vos mais profundamente. Pedimos que o zelo dele nos inspire e nos motive a partilhar vossa Redenção com aqueles que são marginalizados. Amém!

Beato Francisco Seelos

Padre

5 de outubro

Francisco Xavier Seelos nasceu em Füssen, na Baviera, em 11 de janeiro de 1819. Estudou filosofia na Universidade de Munique e começou os estudos de teologia como seminarista da diocese. Em uma visita aos Redentoristas em Altötting, na Alemanha, conheceu o trabalho missionário que faziam na América do Norte e decidiu fazer parte da Congregação. Tendo sido aprovado em 1843, partiu de navio para os Estados Unidos, onde fez seu noviciado. Em 1844, Seelos professou os votos como redentorista e foi ordenado sacerdote em Baltimore. Sua primeira designação foi para a Paróquia de Santa Filomena, em Pittsburgh. Ele serviu lá por seis anos como vigário paroquial de John Neumann, sendo depois superior da comunidade por três anos. Durante esse período, também atuou como mestre de noviços. Em 1854, foi transferido para Maryland – primeiro para Baltimore, depois para Cumberland, em 1857, e finalmente para Annapolis, em 1862, sempre se dedicando às atividades paroquiais e à formação de futuros redentoristas, como prefeito dos estudantes.

Substituído como prefeito em 1863, foi pregar missões, em alemão e em inglês, por todo o Nordeste e o Centro-Oeste dos Estados Unidos. Seelos sempre foi um missionário ativo e bem-sucedido, especialmente dedicado ao Sacramento da Reconciliação e à direção espiritual. Em 1866, depois de um ano em Detroit, foi nomeado pároco da Paróquia de Nossa Senhora da Assunção, em Nova Orleans, onde se empenhou pelos pobres, doentes e abandonados. Enquanto cuidava das vítimas da febre amarela, contraiu a doença e faleceu em 4 de outubro de 1867. Francisco Seelos foi beatificado pelo papa São João Paulo II, no ano de 2000.

O Santuário Nacional do Beato Francisco Seelos é na Igreja de Nossa Senhora da Assunção, em Nova Orleans.

Sabedoria do Beato Francisco Xavier Seelos

"Ninguém nunca se perdeu porque possuía pecados muito grandes, mas sim porque sua confiança era muito pequena."

Beatos Nicolau Charnetsky e Companheiros

Mártires

27 e 28 de junho

Beato Nicolau Charnetsky

Nicolau Charnetsky nasceu em Semakivci, Halychyna, oeste da Ucrânia, em 1884. Completou seus estudos teológicos em Roma e foi ordenado padre diocesano em 1909. Após obter seu doutorado em teologia, trabalhou como diretor espiritual e professor de teologia no seminário de Stanislaviv. Ele entrou no noviciado redentorista em Zboisk, no ano de 1919, e professou seus votos em 1920. Durante seus primeiros anos, foi enviado para lecionar no seminário menor e depois para pregar missões populares. Charnetsky foi sagrado bispo em 1931 e nomeado Visitador Apostólico dos Ucranianos Católicos em Volyn. De 1931 a 1939, serviu ao povo de Volyn, da Polésia, da Pidliasia e da Bielo-Rússia. Durante a Segunda Guerra Mundial, dedicou-se ao ministério pastoral e lecionou na faculdade de teologia. De 1945 a 1956, foi mantido prisioneiro em cerca de trinta campos de trabalho e prisões soviéticas. Após sua libertação, retornou a Lviv, onde atuou como bispo da Igreja Católica Greco-Ucraniana, que havia sido supressa. O tempo de prisão prolongado debilitou sua saúde, vindo a falecer em 1959.

O santuário do bem-aventurado Nicolau Charnetsky fica na Igreja de São Josafá em Lviv, Ucrânia.

Beato Basílio Velychkovsky

Basílio Velychkovsky nasceu em Stanislaviv, no oeste da Ucrânia, em 1903. Estudou no seminário de Lviv e foi ordenado diácono, em 1923. Ingressou na Congregação dos Redentoristas como diácono, professou os votos em 1925, e logo foi ordenado sacerdote. Depois de lecionar no seminário menor em Zboisk, Basílio trabalhou pregando missões na zona rural da Ucrânia durante vinte anos. Foi detido em 1945 e condenado à morte, cuja pena foi comutada para dez anos de prisão. Em 1963, em um quarto de hotel na cidade de Moscou, na antiga União Soviética, Velychkovsky foi sagrado bispo pelo metropolita Joseph Slipyj e passou a ser o chefe da Igreja Católica Ucraniana. Preso mais uma vez, em 1969, permaneceu três anos na prisão. Na primavera de 1972, à beira da morte, foi exilado da Ucrânia. Faleceu em Winnipeg, Canadá, em 1973, como resultado de um veneno que lhe aplicaram antes de o deixarem partir, que lentamente foi destruindo seu corpo.

O santuário do beato Basílio Velychkovsky encontra-se na Igreja Católica Ucraniana de São José, Winnipeg, Manitoba.

Beato Zenão Kovalyk

Zenão Kovalyk nasceu no ano de 1903, em Ivachiv Horishniy, perto de Ternopil, Ucrânia. Tendo ingressado na Congregação dos Redentoristas e professado os votos em 1926, foi estudar filosofia e teologia na Bélgica, sendo ordenado em 1932. Partiu com o bispo Charnetsky para Volyn como um missionário da paróquia e, mais tarde, encaminhou-se para Stanislaviv, onde também coordenou missões. Zenão era um pregador destemido da Palavra de Deus e do amor pela

Mãe de Deus. Ele foi preso pelos soviéticos em 1940, mas continuou seu ministério pastoral enquanto estava preso. Quando as prisões soviéticas foram liberadas com a chegada do exército invasor alemão, em 1941, o corpo do beato Zenão foi encontrado pregado (crucificado) em uma parede da prisão de Zamartynivska.

O local dos restos mortais do beato Zenão Kovalyk é desconhecido.

Beato Ivan Ziatyk

Ivan Ziatyk nasceu em 26 de dezembro de 1899, em Odrekhova, hoje parte do território polonês. Ingressou no seminário católico ucraniano em 1919 e foi ordenado sacerdote em 1923. Emitiu os votos redentoristas em 1936. Durante a ocupação alemã, todos os bispos católicos ucranianos foram presos e, em 1948, o padre Ziatyk foi encarregado da administração da Igreja na Ucrânia. Ele foi preso em 5 de janeiro de 1950 devido seu apoio declarado às instruções papais de proclamar a fé Católica a todas as pessoas. Testemunhas oculares falam do tratamento brutal que o padre Ivan sofreu na prisão da Sibéria em Oserlag. Na Sexta-feira Santa de 1952, foi espancado com tanta crueldade que veio a falecer alguns dias depois, em 17 de maio.

O beato Ivan Ziatyk está sepultado em Oserlag, na Sibéria.

Oração aos mártires redentoristas ucranianos

Ó Senhor, nosso Deus, vós chamais a todos a crer em vós e a seguir vosso caminho. Agradecemos a dádiva que concedestes a Nicolau Charnetsky, Basílio Velychkovsky, Zenão Kovalyk e Ivan Ziatyk e a todos os seus companheiros espirituais de serem capazes de pagar o preço final pela fidelidade a vós, dando a própria vida.

Nós vos damos graças por terdes glorificado esses mártires em vosso reino celestial, para que fossem para todos nós um exemplo iluminador de vossa presença poderosa em nossa vida. Rezamos para que nos concedais a graça da fidelidade e da generosidade enquanto buscamos responder a vosso amor. Pela intercessão desses mártires, ajudai-nos a permanecer sempre firmes na Verdade e ser fiéis a vós e a vossos mandamentos.

Ó Santa Mãe de Deus e nossa Mãe do Perpétuo Socorro, conduzi-nos a vosso Filho Jesus. Dai-nos a firmeza para segui-lo sempre. Nós nos colocamos sob vossa proteção.

Pois toda a honra e toda a glória pertencem a vós, Pai Todo-Poderoso, Filho Eterno e Espírito que dá vida, agora e para sempre. Amém.

Beato Metódio Domingos Trčka
Mártir

25 de agosto

O beato Metódio nasceu em Frydlant, Morávia (na atual República Tcheca), em 6 de julho de 1886. Ele ingressou na Congregação dos Redentoristas em 1902 e professou os votos no dia 25 de agosto de 1904. Foi ordenado padre na cidade de Praga, em 17 de julho de 1910. Viveu os primeiros anos de seu ministério pregando missões paroquiais. Os superiores dele aprovaram seu desejo de trabalhar entre os católicos gregos e foi enviado a Lviv, onde aprendeu o ucraniano e o eslavo antigo, assim como também assimilou o rito bizantino. Depois de um breve período de adaptação cultural, trabalhou entre os gregos católicos na região de Halic (Eslováquia), e depois foi para o oeste da Eslováquia, onde desenvolveu intensa atividade missionária. Foi nomeado primeiro Superior Vice-Provincial de Michalovce, em 1946. Trabalhou diligentemente na fundação de novas casas e na formação de jovens Redentoristas. Na noite de 13 de abril de 1950, todas as comunidades religiosas foram supressas pelo governo tcheco. O padre Metódio foi detido, torturado e condenado a doze anos de prisão. Em 1958, foi transferido para o cárcere de Leopoldov, onde contraiu tuberculose devido às condições horrendas, vindo a falecer no dia 23 de março de 1959. O papa São João Paulo II proclamou-o beato, em 4 de novembro de 2001.

Os restos mortais do Beato Metódio Domingos Trčka estão enterrados na propriedade dos Redentoristas no cemitério de Michalovce, Eslováquia.

Oração em honra ao Beato Metódio Domingos Trčka

Senhor nosso Deus, vós destes ao Beato Metódio, vosso sacerdote e mártir, uma admirável coragem diante das provações e torturas. Pela intercessão dele, que nós possamos permanecer fiéis ao Evangelho da verdade.

Isso vos pedimos, por Nosso Senhor Jesus Cristo, vosso Filho, que vive e reina convosco, na unidade do Espírito Santo, Único Deus para sempre. Amém.

Beatos José Javier Gorosterratzu e Companheiros
Mártires

6 de novembro

A violenta perseguição religiosa que se desencadeou na Espanha contra qualquer assunto referente ao catolicismo, começando com a destruição e profanação de igrejas e conventos um pouco antes da Guerra Civil, cresceu notavelmente durante os anos daquele conflito, que durou de 1936 a 1939. Naqueles anos, a perseguição religiosa foi se tornando cada vez mais cruel até atingir sua expressão máxima com o assassinato de bispos, padres, religiosos e leigos fiéis, que foram vergonhosamente massacrados. Durante esse período dramático, seis Redentoristas, dentre outros da comunidade de San Felipe em Cuenca, sofreram o martírio: Padre José Javier Gorosterratzu Jaunarena

(1877-1936), que foi preso em 10 de agosto de 1936 e fuzilado no cemitério da cidade, ao mesmo tempo em que perdoava seus assassinos; Padre Ciriaco Olarte Pérez (1893-1936), missionário mexicano que escapou da perseguição em seu país, foi preso em 31 de julho de 1936, na Espanha, e baleado perto da capela da "Virgem das Dores", onde o deixaram sangrar até a morte; Padre Julián Pozo Ruiz de Samaniego (1903-1936), que era totalmente dedicado ao Sacramento da Reconciliação e ao cuidado dos enfermos, foi preso em 9 de agosto de 1936 e baleado nas ruas enquanto rezava o rosário; Padre Miguel Goñi Ariz (1902-1936), pregador incansável das missões paroquiais, foi preso e fuzilado com o padre Olarte Pérez; ambos morreram depois de longas horas de agonia; o Irmão Victor (Victoriano) Calvo, Lozano (1896-1936), um irmão coadjutor com um espírito heroico para o serviço, foi preso e fuzilado com o Padre Gorosterratzu; Padre Pedro Romero Espejo (1871-1938), que, para não colocar em perigo a família que o acolheu durante a perseguição, abandonou aquele abrigo para viver nas ruas, dedicando-se ao próximo e exercendo seu ministério sacerdotal até junho de 1938, quando o puseram no cárcere, onde morreu no dia 4 de julho de 1938, em consequência de uma disenteria. Todos foram beatificados em Tarragona no dia 13 de outubro de 2013, em uma celebração comunitária de beatificação, em que 522 mártires do século XX foram beatificados na Espanha.

O santuário dos Beatos José Javier Gorosterratzu e Companheiros se encontra na igreja de Nossa Senhora do Perpétuo Socorro, na cidade de Madri, Espanha.

Oração aos mártires redentoristas de Cuenca

Deus nosso Pai, vós trouxestes o Beato José Javier e seus companheiros mártires, com o auxílio da Mãe de Deus, à imitação de Cristo – até ao ponto de derramarem o próprio sangue. Concedei-nos, pela intercessão deles, que professemos com coragem a mesma fé, tanto em palavra como em ação. Por Jesus Cristo, nosso Senhor. Amém.

Beata Maria Celeste Crostarosa
Religiosa e fundadora das Redentoristinas

14 de setembro

A Beata Maria Celeste Crostarosa nasceu em Nápoles, Itália, em 31 de outubro de 1696. Aos vinte anos, ingressou em um mosteiro carmelita. Quando esse foi supresso, ela se dirigiu a Scala, nos morros acima de Nápoles; ali se integrou a um mosteiro, vivendo a Regra da Visitação.

Sob a direção do Bispo Tomás Falcoia e com a colaboração de Santo Afonso, Maria Celeste reformou o mosteiro de acordo com uma revelação que recebera do Senhor. Ela fundou a Ordem do Santíssimo Redentor (Redentoristinas), em 13 de maio de 1731. A missão delas é ser uma "memória viva" de Jesus Cristo, testemunhando o mistério pascal.

Em 1733, Maria Celeste foi forçada a deixar Scala, sendo eventualmente chamada para Foggia, onde fundou o Mosteiro do Santíssimo Salvador.

A caminhada espiritual de Maria Celeste, marcada por muitas experiências místicas, caracterizou-se pela obediência à consciência, pela busca constante do significado profundo do Evangelho e pela simplicidade de vida.

Maria Celeste faleceu em Foggia, no dia 14 de setembro de 1755. No momento de sua morte, São Geraldo Majela, seu amigo espiritual, viu a alma dela partindo para o céu como uma pombinha branca. Em 18 de junho de 2016, foi declarada beata pelo papa Francisco.

O Santuário da Beata Maria Celeste Crostarosa está localizado em Foggia, Itália.

Oração em honra à Beata Maria Celeste Crostarosa

Deus amoroso, pelos dons do vosso Espírito Santo, Maria Celeste respondeu às inspirações recebidas no profundo de sua oração contemplativa. Ajudai-me, por intercessão dela, a abrir-me à profunda oração contemplativa e à comunhão com vossa vontade. Dai-me um pouco da escuta que ela teve, de seu amor e de sua coragem, para que por meio da união convosco pela oração, eu possa me tornar aquela "Memória viva de Jesus, nosso Redentor", em minha família, em meu local de trabalho e em meu ministério, pelo bem de todo o vosso mundo criado. Amém.

Venerável José Passerat
Padre

30 de outubro

Joseph Passerat nasceu em Joinville, na França, em 1772. Ele atuou como baterista principal da banda marcial e intendente no exército de Napoleão até que, finalmente, fugiu para a Alemanha. Tendo uma experiência de chamado à vida religiosa, Passerat viajou para Varsóvia, Polônia, onde, sob a direção de Clement Hofbauer, ingressou na Congregação dos Redentoristas. Com a habilidade de Passerat e o zelo de Hofbauer, os dois provaram ser uma equipe formidável. Durante vinte anos, colaboraram na expansão da Congregação, e Clemente escolheu Passerat para sucedê-lo como Vigário Geral dos Redentoristas no norte da Europa.

Como Vigário Geral, Passerat enviou os primeiros seis Redentoristas aos Estados Unidos em 1832 e, por vinte e oito anos, cuidou da missão americana. São Clemente o chamou de "o Grande". Ele morreu em 1858.

Os restos mortais do Venerável Joseph Passerat estão enterrados na cidade de Bischenberg (Bischoffsheim), na França.

"Amor ao próximo", de José Passerat

Se há alguém que eu não amo, então não tenho nenhum "amor ao próximo". Se não amo meu próximo, não amo a Deus...

O que me consola é que não devo amar os pecados de meu irmão, mas sim a pessoa, criada à imagem de Deus, redimida com o preço do sangue de Jesus Cristo... Se eu amo meu próximo, amo a Deus...

Minha atitude concreta na prática da caridade para com meu próximo é não ter nem em minhas ações, nem em meus modos, nem em meus pensamentos, nem em minhas palavras, nada que o deixasse triste se ele o soubesse...

Ó Deus, dai-me o tesouro do "amor ao meu próximo".

Venerável Alfredo Pampalon

Padre

30 de setembro

Alfredo Pampalon nasceu em 24 de novembro de 1867, em Levis, próximo à cidade de Quebec, Canadá. Ele era um dos oito filhos e tinha 5 anos quando sua mãe faleceu. Ainda que fosse um pouco frágil, Alfredo era um excelente atleta. Como aluno, ele era dedicado, piedoso e prestativo.

Alfredo sentiu o desejo de entregar sua vida ao serviço de Deus. Parece que sua decisão de entrar para os Redentoristas veio após uma grave enfermidade em 1885. Durante seus anos de formação e estudo na Bélgica, seus colegas de classe o chamavam de "o Cordeiro de Deus", um testemunho de sua piedade e gentileza. Ele foi ordenado em 1892.

Alfredo contraiu tuberculose e voltou a Sainte-Anne-de-Beaupré, no Canadá, em 1895. Ele era renomado como confessor e diretor espiritual, especialmente entre os pobres. Faleceu em 30 de setembro de 1895, aos 28 anos. Suas virtudes heroicas foram oficialmente reconhecidas pelo papa São João Paulo II no dia 14 de maio de 1991. A devoção a ele como padroeiro dos alcoólatras e viciados (adictos) em drogas está crescendo.

O Venerável Alfredo Pampalon está sepultado na capela inferior da Basílica de Sainte-Anne-de-Beaupré, em Quebec, no Canadá.

Oração ao Venerável Alfredo Pampalon, Padroeiro dos Alcoólatras e Viciados em droga (adictos)

Caro padre Alfredo, ouvi meu clamor e vinde em meu auxílio. Obtende para mim as graças que desejo. Vós sois conhecido como o protetor das pessoas que sofrem no corpo, na mente ou no espírito.

Vós demonstrastes compaixão especial pelos alcoólatras e viciados em drogas. Vós libertastes tantas pessoas de suas dependências. Libertai-me também a mim, eu vos imploro, querido padre Alfredo, e libertai aquelas pessoas que recomendo a vós, especialmente os membros de minha família.

Venho a vós com confiança. Rezo por mim e por todos aqueles que me são queridos. Vinde também em auxílio da Igreja e de todo o mundo. Amém.

Redentoristas elevados à condição de "Veneráveis"

- Pe. Miguel Di Netta (1788-1849)
- Pe. Paulo Cafaro (1707-1753)
- Fr. Domingos Blasucci (1732-1752)
- Pe. José Armando Passerat (1772-1858)
- Pe. Antonio Maria Losito (1838-1918)
- Pe. Wilhelm Janauschek (1859-1926)
- Pe. Pelágio Sauter (1878-1961)
- Pe. Bernardo Łubieński (1846-1933)

PARTE 4

Outras maneiras de rezar

Contemple a Paixão... você encontrará aí todos os motivos para amar a Deus.

Santo Afonso

O que é oração? "O fruto do silêncio é a oração", escreveu Santa Teresa de Calcutá. O Pai-nosso é frequentemente chamado de oração perfeita porque inclui as principais formas de oração: adoração e louvor, ação de graças, prece, intercessão e perdão. Muitos de nós aprendemos que a oração é elevar nossa mente e nosso coração a Deus. Um professor definiu-a como um "diálogo" entre nós e Deus – falar e ouvir. Um pregador missionário foi ainda mais longe e afirmou que a oração é um "relacionamento" com Deus, em que nos revelamos – até mesmo as partes feias e as questões espinhosas –, permitindo que Deus, com infinita paciência, revele a si mesmo para nós. Verdadeiramente, não podemos entender com profundidade o mistério íntimo entre Deus e cada um de nós.

Santo Afonso é frequentemente chamado de Doutor da Oração. Baseando-nos em sua espiritualidade, oferecemos aqui uma descrição de algumas maneiras e alguns estilos de oração.

1. Prepare-se para rezar:

- Encontre um lugar de silêncio;
- Escolha uma postura que seja confortável, mas que lhe permita ficar atento;
  lembre-se de que você está na presença de Deus e abra-se ao Espírito dele;

- Sabendo de tantas maneiras diferentes de oração, pode ser útil registrar sua experiência em um diário de oração e voltar a ele de vez em quando.

2. Rezando com as Sagradas Escrituras

Quando oramos com as Escrituras, não tomamos o texto com interesse intelectual; antes, permitimos que Deus fale conosco diretamente por meio do texto.

Depois de estar preparado para rezar:

- Abra sua Bíblia no texto que você escolheu;
- Leia a passagem lentamente;
- Leia novamente, mais devagar desta vez. Reflita sobre uma palavra ou frase que mexa com você ou chame sua atenção;
- Fique atento a quaisquer sentimentos, inspirações ou pensamentos que vierem à alma.
- Permita que Deus fale com você em silêncio.
- Responda a Deus – compartilhe seus sentimentos e pensamentos com Ele. Você pode fazer uma oração ou um hino de agradecimento.

3. Textos bíblicos que inspiram e fundamentam a espiritualidade redentorista

Mateus 5,1-12

A aliança cristã

Salmo 130

Lema dos Redentoristas, do versículo 7 em diante

Lucas 4,16-21

Espiritualidade missionária

1 Timóteo 2,4

Deus quer que todos sejam salvos; muito citado por Afonso

Mateus 9,35-38

Compaixão, ovelha sem pastor

Mateus 25,31-46

Nosso julgamento final; vivendo o Reino

Lucas 12,49-51

O Espírito Santo e o zelo missionário; a primeira homilia de Afonso foi sobre esse texto

1 Coríntios 13

Amor; a Prática do Amor a Jesus Cristo é baseada nesta passagem

Mateus 11,28-30

Mansidão: um tema importante para Afonso; Missionários Redentoristas nos passos de Jesus

Isaías 63,19-64,1

Primeiro texto sobre o qual Afonso pregou como diácono

2 Filipenses 2,5-11

A humildade de Deus; o esvaziamento de si mesmo do Cristo; a vulnerabilidade de Deus

4. Rezando com a imaginação

Algumas pessoas encontram outro método útil de rezar com as Escrituras. Nele, usamos o poder de nossa imaginação em uma cena bíblica e mergulhamos na passagem que estamos lendo. Esse método de oração é mais adequado para uso com passagens onde há ação do que com passagens de discursos.

Depois de estar preparado para rezar:

- Leia a passagem lentamente;
- Leia o texto novamente, tentando se ver na cena que está acontecendo;
- Permita-se participar da cena. Você pode sentir o calor do dia; você pode sentir-se internamente ferido ou com raiva. Observe seus próprios sentimentos e suas próprias reações, compartilhando-os com o Senhor.

5. Oração de concentração

Na oração de concentração, repetimos várias vezes uma palavra de oração para nos ajudar a concentrar-nos no Senhor. Nós nos silenciamos para perceber que Deus está no centro de nossa vida.

Depois de já estar preparado para a oração:

- Apenas tome um assento, relaxando-se e silenciando-se, desfrutando de sua própria tranquilidade e do silêncio interior. Ouça a presença de Deus em você e deixe-se tocar por ela.
- Depois de alguns instantes, comece a repetir suavemente uma única palavra, tal como Jesus, Senhor,

Amor, ou qualquer palavra que você escolher. Coloque nesta palavra toda a sua fé e seu amor, pois ela levará você a uma intimidade maior com Deus.
- Continue a repetir a palavra, usando-a para bloquear pensamentos e imagens. Se você se distrair, não se preocupe; simplesmente volte àquela palavra.
- Ao sair da oração, busque lentamente uma maior percepção do silêncio oracional de tudo o que está a seu redor, e então reze o Pai-nosso ou o Glória ao Pai.

6. Exame de consciência

Essa forma de oração nos ajuda a apreciar a importância de nossa própria experiência e a ver como Deus caminha conosco em nossa vida diária. É proveitoso usá-la ao fim de cada dia quando podemos ver como agimos durante aquele dia, para onde Deus nos conduziu e como respondemos.

Depois de já estar preparado para a oração:
- Peça ao Espírito Santo para levá-lo de volta à revisão de seu dia e para guiá-lo em sua oração.
- "Reveja" os acontecimentos importantes do dia.
- Foque no que pareça ser os acontecimentos mais significativos do dia. A que Deus o chamava para fazer ou ser? Como você respondeu?
- Dependendo da sua resposta a Deus, agradeça ou peça perdão – ou tenha as duas atitudes.

- Comprometa-se a fazer ou a ser tudo o que Deus pedir de você no futuro. Tome uma decisão que esteja ao seu alcance, em um gesto concreto: pedir "desculpas" a alguém que você machucou, por exemplo.

7. Celebrando o Sacramento da Reconciliação

A Reconciliação é um dom pelo qual nossos pecados são perdoados e somos reconciliados com Deus e uns com os outros. Somos encorajados a ser mais conscientes sobre como tratamos nossos irmãos e nossas irmãs, pois, por meio dessa consciência, seremos fortalecidos para crescer na santidade e na graça.

Santo Afonso de Ligório escreveu que para uma boa confissão são necessárias três atitudes:

1) Um profundo exame de consciência;
2) Tristeza pelo pecado;
3) Firme determinação de abandonar o pecado.

Os passos a serem seguidos no sacramento da reconciliação são:

- Exame de consciência
- Demonstração de tristeza pelos pecados que você cometeu.
- Confissão de seus pecados a Deus, por meio do sacerdote
- Assumir uma penitência
- Rezar o ato de contrição

- Receber a absolvição
- Cumprir a penitência

Oração antes do exame de consciência

Espírito Santo, fonte da verdade, concedei-me luz para me enxergar como Deus me vê. Dai-me a graça de sentir realmente tristeza por meus pecados e a força e coragem para aceitar o amor do Pai e me esforçar cada vez mais para trilhar nos caminhos de Jesus Cristo. Amém.

Após a confissão

Santo Afonso escreveu: "Após a confissão, agradeça a Deus Todo-Poderoso pelo perdão que você espera ter recebido e renove os bons compromissos de nunca mais ofendê-lo e de evitar todas as ocasiões de pecado; e peça a Jesus e a Maria a graça da perseverança".

Conclusão

Este livro de oração nasceu do desejo dos consagrados Redentoristas, associados da Congregação, Missionários Leigos do Santíssimo Redentor e outros, de criar um material do qual todos pudessem tirar proveito enquanto caminhamos juntos como seguidores de Santo Afonso.

Juntos, percebemos o novo rosto da "Família Redentorista", que é formado por homens e mulheres, consagrados e ordenados, casados e solteiros. Com graus variados de pertença e de compromisso, oferecemos nossos dons ao serviço de nossa missão comum de "evangelizar os pobres e ser evangelizados por eles". Em seu próprio tempo, Santo Afonso ensinou as pessoas comuns a rezarem e as engajou na missão catequética da Igreja. São Clemente Hofbauer formou círculos de pessoas leigas, equipando-as com habilidades para agir como fermento na sociedade, proclamando a "Copiosa Redenção" por meio de seu testemunho e da proclamação explícita do evangelho.

Somos os herdeiros dos santos Afonso e Clemente, e seguimos os passos de muitíssimos membros da Congregação do Santíssimo Redentor e de Parceiros na Missão. Dedicamos nossa vida a seguir "o exemplo de Jesus Cristo, o Redentor, na pregação da Palavra de

Deus aos pobres" (Constituição 1). No seio da Igreja, este continua a ser nosso carisma. Acreditamos que nossa Família Redentorista é um "sinal de nossos tempos, que nos conscientiza cada vez mais a experimentar a Igreja como Povo de Deus e mistério de comunhão".

Pedimos por um aumento no número de trabalhadores dispostos para a colheita e, nas palavras da oração que segue esta reflexão, pedimos a Deus que abra os corações para receberem a mensagem do amor redentor e participarem, de diversas maneiras, na vida e no ministério da Copiosa Redenção.

Oração pelas Vocações para a Família Redentorista

Senhor, vós suscitastes Afonso Maria de Ligório para continuar a obra do Cristo Redentor e para levar a Boa-Nova aos mais pobres e abandonados. Nós vos pedimos que o chamado que ressoou outrora no coração de Afonso, Geraldo, Clemente, João Neumann e de tantos outros faça despertar uma nova geração de missionários com disponibilidade e zelo pastoral.

Senhor, abençoai os lares e as famílias que acolhem a vossa Palavra. Fazei que pais e filhos vivam em harmonia e, pela vossa graça, sejam fortes na fé, alegres na esperança e fervorosos no amor. Redentor nosso, sustentai a generosidade dos que já foram chamados e despertai em nós o desejo e a coragem para continuarmos a viver e crescer em comunidade.

Que vosso Espírito estimule nossa audácia, a fim de abrirmos novos caminhos de esperança. Que a Virgem Maria, nossa Mãe Aparecida, interceda junto de vós por todos nós e nos conceda a graça da perseverança em nossa vocação e missão, como verdadeiros apóstolos do Evangelho. Amém.

Calendário

São João Neumann	5 de janeiro
Beato Pedro Donders	14 de janeiro
São Clemente Hofbauer	15 de março
Coração Eucarístico de Jesus	Quinta-Feira depois do terceiro Domingo após Pentecostes
Nossa Senhora do Perpétuo Socorro	27 de junho
Beatos Nicolau Charnetsky e Companheiros	28 junho (27 junho na Igreja da Ucrânia)
Beato Januário Sarnelli	30 de junho
Solenidade do Santíssimo Redentor	*(Festa Titular da Congregação)* 3º Domingo em julho
Santo Afonso de Ligório	1 de agosto
Beato Metódio Trčka	25 de agosto
Beata Maria Celeste Crostarosa	11 de setembro
Beato Gaspar Stanggassinger	26 de setembro
Venerável Alfredo Pampalon	30 de setembro
Beato Francisco Xavier Seelos	5 de outubro
São Geraldo Majela	16 de outubro
Venerável José Passerat	30 de outubro
Beato José Javier Gorosterratzu e Companheiros	6 de novembro
Fundação da Congregação	9 de novembro
Imaculada Conceição de Maria *(Padroeira da Congregação)*	8 de dezembro

Muitos outros subsídios sobre
os Missionários Redentoristas
podem ser encontrados no portal A12.com